Made in the USA
San Bernardino, CA
16 December 2019

61672431R00062